Laitosnuoren tarina

Suomen lastensuojelun todellisuus

Henri Autero

SISÄLLYS

LYHENTEITÄ

TAYS = Tampereen yliopistollinen sairaala

OYS = Oulun yliopistollinen sairaala

EVA / EVA-yksikkö = Erityisen vaikeahoitoisten alaikäisten psykiatrinen tutkimus – ja hoitoyksikkö

ESIPUHE

<u>Omakohtaisia kokemuksia</u>

Aivan ensiksi haluan sanoa, että tämä kirjani on yhteiskunnallinen kannanotto sekä entisen laitosnuoren näkemys lastensuojelun nykytilaan Suomessa. Laitostarinani alkoi 4.12.2003 kun minut sijoitettiin Pispalanharjulla sijaitsevaan lastenkotiin Tampereelle. Nimitettäköön laitosta vaikka Pispakodiksi. Olin tuolloin 11-vuotias ja asuin kotona ollessani Nokialla. Minulla oli ikävä kotiin vanhempien luokse. Minut oli siis otettu syksyllä 2003 Nokian kaupungin sosiaalilautakunnan huostaan ollessani 11-vuotias eli huostaanotostani tehtiin päätös kuukausi pari aiemmin ennen kuin siirryin Pispakotiin. Olen vanhempiani ainut lapsi.

Mielestäni huostaanottoni tehtiin väärin perustein ja minun kohdallani olisi tullut huostaanoton sijaan käyttää avohuollon palveluja esim. terapiat ja muu kuntoutus. Oireilin Pispakodissa psyykkisesti ja olin väkivaltainen. Välillä meni hyvin ja välillä huonosti. Lopulta oireiluni johti Pispakodin ilmoitukseen, että he eivät tule toimeen kanssani. Tämän johdosta sosiaaliviranomaiset päättivät siirtää minut Toivola-kotiin Muhokselle. Se tapahtui keväällä 2006. Toivola-koti on Muhoksella sijaitsevan laitoksen oikea nimi. Pispakodin oikeaa nimeä en julkaise, koska se ei ole pahin laitos, jossa olen ollut eli sieltä ei minulla pahimpia kokemuksia ole.

Toivola-kodissa minua kohdeltiin kuin pikkulasta ja minuun kohdistettiin paljon erilaisia rajoituksia. Esimerkiksi kerran meneteltiin laittomasti, kun huoneeni tyhjennettiin ja rajoituspäätös oli kirjoitettu juridisesti väärin eikä siinä ollut valitusosoitusta, joten minun ei ollut mahdollista valittaa hallinto-oikeuteen. Näistä asioista lisää tarkemmin kirjassani. Toivola-kodista olin kaksi kertaa hoidossa OYS:in suljetulla nuorisopsykiatrisella osastolla sekä yhden kerran TAYS:in nuorisopsykiatrisella osastolla.

Äitini kuoli 24.8.2008, mikä oli minulle todella surullinen asia. Tämän jälkeen vointini huononi entisestään. Lopulta oireiluni Toivola-kodissa johti siihen, että minut siirrettiin lääkärin lähetteellä TAYS:in Erityisen vaikeahoitoisten alaikäisten psykiatriseen tutkimus- ja hoitoyksikköön (EVA-yksikkö), joka sijaitsee Pitkäniemen sairaalassa Nokialla. Saavuin EVA-yksikköön marraskuussa 2008. Siellä minuun kohdistettiin todella paljon erilaisia rajoitustoimenpiteitä. Tein yksiköstä kantelun loppukesästä 2009 lääninhallitukselle (nyk.aluehallintovirasto), joka antoi huomautuksen erilaisista minuun kohdistetuista laittomista rajoituksista. Niitä olivat muun muassa yhteydenpidon rajoittaminen ja liian pitkään kestänyt leposide-eristäminen, jossa minut sidottiin remmeillä sänkyyn. Kerron näistä tapahtumista tarkemmin tässä kirjassa.

Minua myös lääkittiin vakavia sivuvaikutuksia aiheuttaneilla lääkkeillä, Truxalilla ja Peratsinilla. Ne aiheuttivat minulle voimakkaita muistihäiriöitä. Truxalin vaikutuksen aikana kun katsoin TV:tä, en muistanut mitä TV:ssä oli tapahtunut minuutti sitten. Peratsinin vaikutuksen aikana ihan arkitoiminnoissa minulla oli huono muisti. Kun laitoin osastolla huoneeni oven kiinni, niin en ihan tarkkaan muistanut laitoinko sen kiinni 10 sekuntia sitten. Pelkäsin, että näistä tuntemuksista tulisi pysyvä olotila. Onneksi ei tullut.

Kun käytökseni parani, niin siirryin EVA-yksiköstä nuorisokotiin Vähäänkyröön marraskuussa 2009. Sen nimeä en kirjassani mainitse. Nuorisokodissa olin kolmessa eri yksikössä: siirryin portaittain vapaampiin yksiköihin. Nuorisokodista muutin syyskuussa 2011 Vähäänkyröön tukiasuntoon, josta solmin myöhemmin kunnan kanssa vuokrasopimuksen, koska sossu ei enää suostunut kustantamaan tukiasuntoa. Tukiasunto oli vuokrattu nuorisokodille Vähänkyrön kunnalta. Sieltä muutin Vaasan keskustaan 1.6.2012.

Vaikka aiheellisiakin huostaanottoja tehdään, niin todella iso osa huostaanotoista on perusteettomia / perusteet ovat liian heppoisia. Näitä heppoisia perusteita ovat mm. lapsen koulunkäyntivaikeudet esim. häiriökäyttäytyminen ja lapsen diagnoosit. Aina huostaanoton syy ei ole vanhemmista johtuva vaan lapsi / nuori saattaa olla käytökseltään haastava. Mielestäni tällaisillekin lapsille ja nuorille pitäisi ensisijaisesti löytyä muita keinoja auttaa kuin huostaanotto. Myös muita kuntoutuksen keinoja on nimittäin olemassa kuin huostaanotto.

Tilastoista ilmenee, että huostaanotot ovat lisääntyneet 1990-luvulta huimasti. Ilmiselvää on, että 90-luvun leikkaukset ovat vaikuttaneet siten, ettei perheille enää ole tarjolla samanlaista tukea kuin ennen. Jotkut vanhemmat saattavat tarvita tukea esim. he saattavat olla väsyneitä esim. työuupumuksen vuoksi. Ennen yhteiskunta saattoi kustantaa perheelle, joka tarvitsee tukea esim. kodinhoitajan, jotta lapsen hoito olisi helpompaa. Myös muista tuki – ja mielenterveyspalveluista leikattiin. Nykyään pienempiikin ongelmiin saatetaan tarjota ratkaisuksi huostaanottoa.

Sosiaaliviranomaisten päätökset pohjautuvat monesti pelkkiin oletuksiin. Papereihin saatetaan kirjata sellaista mikä ei pidä paikkaansa ja näitä oletuksia valvovat viranomaiset ja hallinto-oikeudet pitävät totuutena. Sosiaaliviranomaiset eivät monestikaan noudata kaikilta osin lastensuojelulakia ja monesti rikkovat sitä räikeästi. Tämä selviää jo oikeuskäytäntöön esim. ylimpien laillisuusvalvojien eli eduskunnan oikeusasiamiehen ja valtioneuvoston oikeuskanslerin sosiaalihuoltoa koskeviin ratkaisuihin tutustumalla. Eikä läheskään kaikki ihmisoikeusrikkomukset edes tule laillisuusvalvojien tietoon tai niihin ei puututa.

Monissa lastensuojelulaitoksissa on sääntöjä, joita ei nykyajan nuorella kotona yleensä ole. Esim. Joissakin laitoksissa teini-ikäiset eivät saa käyttää omaa puhelintansa vaikka siviilielämässä monilla ekaluokkalaisillakin on oma puhelin. Joissakin laitoksissa nuorilla ei saa olla omaa tietokonetta ja monissa laitoksissa nuorilla ei saa olla omaa nettiä vaikka jo monet ala-asteikäiset nämä omaavat. Tarkoitan nuorilla teini-ikäisiä. Nuo säännöt tulisi mielestäni arvioida yksilöllisesti kunkin nuoren kohdalla erikseen.

Myös eristämistä ja rajoittamista käytetään paljon. Hyvän kuvan näistä rajoittamisista ja eristämisistä saa tutustumalla eduskunnan oikeusasiamiehen toimintakertomukseen vuodelta 2012 (lapsen oikeudet – kohta). Kertomus löytyy pdf-muodossa eduskunnan

oikeusasiamiehen nettisivuilta
(www.oikeusasiamies.fi). Kertomuksen voi
myös tilata painetussa muodossa
maksutta eduskunnan oikeusasiamiehen
kansliasta.

Erilaisia rajoittamisen muotoja ovat
sosiaaliviranomaisten taholta mm.
yhteydenpidon rajoittamiset ja kotilomien
perumiset. Erilaisia rajoittamisen muotoja
ovat lastensuojelulaitosten taholta mm.
eristämiset esim. huone-eristykset. Myös
kaverisuhteet laitoksissa kärsivät. Myös
lastensuojelulakia rikotaan monesti esim.
yhteydenpidon rajoittamisen ja eristämisen
/ muun rajoittamisen suhteen.

Lapsia saatetaan myös kääriä mattoon
monissa lastensuojelulaitoksissa vaikka se
on selvästi laitonta. Mattoon kääriminen
on lastensuojelulain mukaan laitonta.

Oikeuskirjallisuudessa (Lastensuojelulaki,
Käytäntö ja soveltaminen, Tapio Räty,
2012 - kirja sivu 511 - kohta 11.9
Kiinnipitäminen, 68 §) todetaan mm.

seuraavaa: Lastensuojelulain mukaisessa kiinnipitämisessä ei saa käyttää välineitä (lasta ei saa esimerkiksi kääriä mattoon). Lapsen ja kiinnipitäjän välillä voi olla kuitenkin huopa tai ohut liina, jolloin tarkoitus on suojata lapsen fyysistä koskemattomuutta.

Eduskunnan oikeusasiamies on ratkaisukäytännössään 121/2/95 rinnastanut mattoon käärimisen sitomiseksi kehitysvammaisten hoidossa. Tämä ratkaisukäytäntö on pätevä oikeusohje myös psykiatrisessa hoidossa. Sitomista voidaan käyttää vain tahdonvastaisessa psykiatrisessa sairaalahoidossa (ei siis vapaaehtoisessa psykiatrisessa sairaalahoidossa), sekä tietyin edellytyksin kehitysvammaisten hoidossa, joten tämänkin seikan perusteella se ei ole lastensuojelulain mukainen toimenpide.

Miten huostaanotetut selviävät itsenäiseen elämään?

Tämä asia vaihtelee monesti. Jotkut selviävät hyvin ja jotkut eivät. On tutkimuksia joiden mukaan monet huostaanotetut syrjäytyvät. He saattavat olla nuorina aikuisina eli noin 20-30 vuotiaina vailla peruskoulun jälkeistä tutkintoa, työttömänä tai työkyvyttömyyseläkkeellä. Huostaanotettujen kohtelu niin sosiaaliviranomaisten kuin lastensuojelulaitosten kohdalla aiheuttaa varmasti katkeruutta yhteiskuntaa kohtaan. Jotkut saattavat taas jatkaa laitoselämää esim. kuntoutuskodissa.

Vaasassa 14.9.2013
Henri Autero

ENNEN HUOSTAANOTTOA

Kaikki alkoi yhtenä syksyisenä päivänä vuonna 2003 kun vanhempani menivät sosiaalilautakunnan kokoukseen, jossa päätettäisiin siis siitä otetaanko minut huostaan vai ei. Käytännössä tällaiset kokoukset ovat tilaisuuksia, joissa päätökset on tehty jo etukäteen. Minä olin kotona kun vanhemmat olivat kokouksessa. Olin tuolloin 11-vuotias ja asuin vanhempieni kanssa Nokialla. Olen vanhempieni ainut lapsi. Äiti tuli kokouksen jälkeen kotiin ja kertoi minulle, että minut otetaan huostaan ja joudun lastenkotiin. Menin hetkellisesti shokkiin. Olin todella järkyttynyt ja surullinen sekä itkin. Äitikin itki ja isäkin oli surullinen. Tuli oltua kotona apein mielin kuukausi pari ennen kuin oli aika siirtyä Pispakotiin (nimi vaihdettu) eli Tampereen Pispalassa sijaitsevaan lastenkotiin. Siirryin Pispakotiin 4.12.2003. Pispakodin oikeaa nimeä en kirjassani julkaise, koska se ei ole pahin laitos, jossa olen ollut eli sieltä ei minulla pahimpia kokemuksia ole. Huostaanottoni painavimpana syynä (joka piti paikkaansa) oli häiriökäyttäytyminen koulussa. Muut syyt olivat tekaistuja. Häiriökäyttäytymiseni johtui siitä, että olin hieman ylivilkas lapsi. Myös se, että koirani kuoli 2-vuotiaana (syksyllä 2003) vaikutti asiaan. Pian hankimmekin uuden koiran (syksyllä 2003), mutta se ei surua vielä täysin poistanut.

Sosiaaliviranomaiset kutsuivat vanhempiani sossun asiakkaiksi. Vanhempani eivät olleet mitään sossun asiakkaita vaan työssäkäyviä ja kunniallisia veronmaksajia, jotka verorahoillaan maksoivat sosiaaliviranomaisten palkat. Sosiaaliviranomaiset kiinnittivät jossain vaiheessa huomioita kodin epäsiisteyteen

vaikka kotonani oli remontti kesken.
Toinen älytön selitys oli esimerkiksi se,
että vanhempani tekevät liikaa töitä. Tämä
on täysin naurettava selitys. Olisiko
vanhempien pitänyt jää kotiin vai? Äitini
oli eläessään farmaseutti ja
apteekinhoitaja. Isäni oli työelämässä
ollessaan rakennussuunnittelija. Nykyään
hän on työtön. Hänen työkuvansa oli
sama mitä arkkitehdin eli hän suunnitteli
rakennuksia. Hänellä oli oma toimisto eli
hän oli yrittäjä. Kahdelta veronmaksajalta
vietiin lopulta viranomaisten toiminnan
aiheuttamana seurauksena työ ja
elinkeino. Viranomaisten toiminta minun
asiassani on tullut todella kalliiksi
yhteiskunnalle, minulle sekä
vanhemmilleni. Kalliiksi on tullut
puhumattakaan monen sadan euron
vuorokausimaksuista aiheutuneista
kustannuksista yhteiskunnalle laitoksissa
ollessani sekä lääkekuluista
yhteiskunnalle.

Entinen uskonnonopettajani ihmetteli miksi minut otettiin huostaan. Hänen käsityksensä mukaan minulla oli kotona asiat hyvin. Olin normaali opetuksessa. Samoin huostaanottoani ihmetteli tiivistä yhteistyötä vanhempieni kanssa tehnyt silloinen 5. luokan opettajani. Kutsuttakoon häntä vaikka Mauriksi. Mauri totesi myös, että minulla oli alkanut mennä koulussa paremmin. Silti minut otettiin huostaan. Hän oli myöhemmin Hämeenlinnan hallinto-oikeudessa vanhempieni todistajana. Hallinto-oikeus vahvisti huostaanoton ja hylkäsi vanhempieni valituksen. Yksi tuomari olisi muistaakseni päästänyt minut kotiin. Vanhempani valittivat korkeimpaan hallinto-oikeuteen, joka ei muuttanut hallinto-oikeuden päätöstä. Siirtyessäni Pispakotiin minun koulunkäyntiini tuli noin parin kuukauden tauko. Lääninhallitus antoi Nokian koulutoimelle huomautuksen vanhempieni kantelun johdosta, koska minulle ei ollut ajoissa etsitty toista koulupaikkaa tai selvitetty voinko käyttää

koulutaksia ja käydä Nokialla koulua
samalla luokalla, jota kävin kotona
asuessani. Ennen huostaanottoa olin
kaksi kertaa osastohoidossa 2000-luvun
alussa lastenpsykiatrian puolella
TAYS:issa sekä yö – että päiväosastolla.

HUOSTAANOTTO

Oli eräs syksyinen päivä vuonna 2003. Juttelin vanhempieni kanssa aamulla. Tunnelma kotonani oli jännittynyt sillä tänään selviäisi otetaanko minut huostaan vai ei. Nokian sosiaalilautakunta tekisi siis tänään päätöksen huostaanotostani. Äitini sai vapaapäivän töistä, koska sosiaalilautakunnan kokous oli jo puolenpäivän tai kahden aikaan päivällä ja kesti tunnin tai pari. Olin saanut koulusta vapaapäivän sillä opettaja ymmärsi hyvin tilanteeni. Sosiaalilautakunnan silloinen puheenjohtaja Matti Mahakas (nimi vaihdettu) oli vaarini (eli isäni isän) hyvä ystävä ja puoluetoveri demareissa. Jossain vaiheessa heille oli tullut eripuraa poliittisista asioista. Mummuni ja vaarini epäilivät jossain vaiheessa, että

huostaanottoni olisi ollut poliittinen kosto.
Olin yksin kotona ja mietin tilannettani
epätoivoisena. Ilta oli alkanut jo hämärtyä
kun vanhempani tulivat kotiin.
Vanhempani olivat kotiin tultuaan
surullisen näköisiä. Kysyin heti
ensimmäisenä äidiltäni, että mitä siellä
kokouksessa päätettiin. Äitini vastasi, että:
"Sä joudut lastenkotiin". Ensireaktioni oli
järkytys. Menin shokkiin. Olin todella
järkyttynyt ja surullinen sekä itkin. Äitikin
itki ja isäkin oli surullinen. Seuraavaksi
kysyin äidiltäni, että: "Milloin joudun sinne
lastenkotiin?". Äitini kertoi, että joudun
lastenkotiin 4.12.2003. Huostaanottoni ei
ollut kiireellinen, joten onneksi sain olla
vielä kuukauden tai pari kotona. Olin niin
järkyttynyt etten käynyt koulua kun odotin
huostan alkamista. Loppuaikani kotona
olin aika surullinen. Yritin nauttia olostani
siinä aika lailla onnistumatta. Olin paljon
myös koneella ja valvoin myöhään yms. eli
tein niitä asioita, joita ei lastenkodissa
voinut tehdä. Sosiaalilautakunnan
puheenjohtaja Matti Mahakas vittuili

vanhemmilleni monesti huostaanotostani.
Esim. joskus hän sanoi isälleni: "Olisit
pitänyt huolta kakarastas". Seuraavassa
luvussa lisää päivästä, jona jouduin
lastenkotiin.

Kolmas luku

PISPAKOTI

Oli joulukuun 4. päivä vuonna 2003. Oli aika lähteä Pispakotiin Tampereelle. Lähdimme vanhempieni kanssa autolla matkaan. Automatka ei ollut pitkä. Onhan Tampere Nokian naapurikaupunki. Automatkalla tietenkin mietin, että minkälaiseen laitokseen ja ympäristöön joudun. Pispakoti on korkealla Pispalanharjulla. Muistaakseni ylimmällä kohtaa, jos Pyynikinharjua ei lasketa mukaan. Kun saavuimme Pispakotiin, niin muistaakseni menimme ensiksi neuvotteluhuoneeseen keskustelemaan henkilökunnan kanssa uudesta tilanteesta. Tämän jälkeen hoitaja (eli ohjaaja) esitteli meille paikkoja. Pispakodissa on kolme yksikköä. Sain huoneen ns. kolmannesta yksiköstä.

Noin kuukauden verran olin vieraskorea, jonka jälkeen aloin protestilinjalle, koska minulla oli vanhempia todella kova ikävä. Olin todella surullinen, itkin ja olin katkera huostaanotostani. Osoitin mieltäni lastenkodissa mm. epäasiallisella kielenkäytöllä sekä käyttäydyin väkivaltaisesti. Arki kuitenkin tasaantui joksikin aikaa eli en enää ollut agressiivinen. Minulla on Pispakodista paljon erilaisia muistoja sekä hyviä, että huonoja. Järjestin paljon erilaisia kilpailuja ja ulkoilin Pispalassa, Pyynikillä sekä muualla Tampereen alueella.

Jotkut ohjaajat olivat mukavia ja jotkut taas vittumaisia. Esim. eräs ohjaaja (kutsuttakoon häntä vaikka Aatu-Viliksi) oli todella vittumainen ja soitti suuta vanhemmilleni sekä minulle. Aatu-Vilistä muistuu mm. mieleen sellainen yksittäinen tilanne, että olin menossa vanhempieni kanssa hoitamaan jotain asiaa (muistaakseni jokin virastoasia tms.). Poikkesimme samalla tervehtimässä vanhaa isänäitiäni sekä sydänsairasta isänisääni vaikka ei ollut lupaa hoitaa muuta kuin kyseinen virastoasia. Aatu-Vili saa vihiä siitä, että olin isovanhempieni luona ja tokaisee vanhemmilleni sekä minulle: "Sitä on käyty ilmeisesti jossain muuallakin?" ja hymyili ivallisesti. Mielestäni tuo oli aika törkeää. Sittemmin Aatu-Vili perusti oman lastensuojelulaitoksen.

Mieleeni muistuu Pispakodista inhottavimpana kokemuksena valvotut tapaamiset vanhempieni kanssa (joista tosin saa kiittää sosiaaliviranomaisia). Valvotut tapaamiset kestivät noin 1,5 vuotta. Niiden aikana en saanut edes lähettää tai vastaanottaa sähköpostia vanhemmille. Käytännössä tämä tarkoitti sähköpostin käytön täyskieltoa. Valvotuista tapaamisista muistuu mieleen monet erilaiset tapaamisia valvoneet ohjaajat muun muassa eräs nainen, joka kutoi aina sukkaa kun valvoi tapaamisia (kutsuttakoon häntä vaikka Mariksi), sekä eräs harrasuskovainen mies (kutsuttakoon häntä vaikka Mikoksi). Mikko on hankkinut Boliviasta naisen. Hän on tehnyt kaveriporukan kanssa uskonnollisen elokuvan sekä hänellä on tai on ollut uskonnollinen bändi.

Valvotut tapaamiset aiheuttivat minulle tuskaa ja vointini huonontui niiden myötä. Muutuin entistä väkivaltaisemmaksi ja uhittelevaksi ohjaajia kohtaan. Ohjaajat yrittivät tulla toimeen kanssani, tuloksetta. Kävin monta kertaa psykiatrisessa päivystyksessä TAYS:issa väkivaltaisuuteni ja huonontuneen vointini vuoksi. Vietin myös yhden yön Pitkäniemen sairaalan nuorisopsykiatrisella osastolla. Kerran minut vietiin ambulanssilla Pitkäniemen sairaalan nuorisopsykiatriselle osastolle väkivaltaisuuteni vuoksi. Osastolla lääkäri totesi, että hän määrää minulle Risperdal-lääkettä, olivatpa vanhempani mitä mieltä hyvänsä. Myös minä vastustin lääkitystä. Kieltäydyin ottamasta lääkettä. Vointini huononi ja minut siirrettiin jonkinlaiseen nuorten tukikeskukseen. Tukikeskuksessa meni hyvin. Esitin, että otin lääkkeet ja se menikin aluksi täydestä. Lopulta esittäminen huomattiin ja asiasta tuli sanomista. Lopulta ohjaajat Pispakodissa "luovuttivat" ja minun ei enää tarvinnut syödä lääkettä. Sosiaaliviranomaiset tekivät vuonna 2006 päätöksen, että siirryn Toivola-kotiin Muhokselle. Siirryin Toivola-Kotiin keväällä 2006. Valvotut tapaamiset jatkuivat Toivola-kodissa.

Neljäs luku

ELÄMÄÄ
PISPAKODISSA

Olin saapunut vanhempieni kanssa
Pispakotiin. Istuimme Pispakodin
neuvotteluhuoneessa yhdessä lastenkodin
ohjaajan ja johtajan kanssa. Kävimme
keskustelua uudesta tilanteestani.
Vanhempani ottivat muun muassa
koulunkäyntini esille. Vanhempieni ja
minun mielestäni minun olisi kuulunut
jatkaa vanhassa koulussa Nokian
Linnanvuoressa. Tämä ei kuitenkaan
Nokian kaupungille sopinut. Vanhempani
kritisoivat Nokian koulutoimea
koulunkäyntini järjestämisestä. Uutta
koulupaikkaa ei ollut ajoissa selvitetty eikä
se sopinut, että jatkan vanhassa koulussa.
Lääninhallitus antoi Nokian koulutoimelle
huomautuksen koulunkäyntini
laiminlyönnistä. Pääsin siis Tammelan

kouluun Tampereelle vasta alkukeväästä
2004.

Vietin ankein mielin iltaa Pispakodissa.
Olin myös hämmentynyt huostaanotostani.
En meinannut seuraavana yönä saada
oikein nukuttua. Heräsin seuraavana
aamuna noin kello 10 aikoihin. Tutustuin
Pispakodin sääntöihin. Sääntöjen mukaan
nuorilla ei esimerkiksi saanut olla omaa
tietokonetta eikä nettiyhteyttä ollenkaan.
Edes laitoksen yhteisissä tiloissa ei ollut
yleisökoneita. Ainut mahdollisuus käyttää
tietokonetta oli kirjastossa, koulussa tai
kotilomilla. Noin kuukauden verran olin
vieraskorea, jonka jälkeen aloin
käyttäytymään agressiivisesti. Olin
vihainen, koska minulla oli ikävä
vanhempiani ja minut oli otettu
perusteettomasti huostaan. Minun oli
myös vaikea sopeutua Pispakodin
sääntöihin.

Mattoon käärimistä Pispakodissa

Eräänä aamuna tammikuussa 2004
heräsin huutoon ja karjuntaan. Joku nuori
riehui. Lopulta hoitajat eli ohjaajat ns.

heittivät hänet kenttiin, jonka jälkeen pitivät kiinni hänestä. Nuori kuitenkin rimpuili ja hänet käärittiin lopulta mattoon. Mattoon kääriminen on lastensuojelulain mukaan laitonta. Se on oikeuskirjallisuudessa mainittu erikseen toimenpiteenä, jota ei voida pitää lastensuojelulain mukaisena kiinnipitämisenä. Lastensuojelulain mukaisessa kiinnipitämisessä ei saa käyttää välineitä (eli lasta tai nuorta ei saa esimerkiksi kääriä mattoon). Eduskunnan oikeusasiamies on ratkaisukäytännössään 121/2/95 rinnastanut mattoon käärimisen sitomiseksi kehitysvammaisten hoidossa. Tämä ratkaisukäytäntö on pätevä oikeusohje myös psykiatrisessa hoidossa. Sitomista voidaan käyttää vain tahdonvastaisessa psykiatrisessa sairaalahoidossa (ei siis vapaaehtoisessa psykiatrisessa sairaalahoidossa) sekä tietyin edellytyksin kehitysvammaisten hoidossa, joten tämänkin seikan perusteella se ei ole lastensuojelulain mukainen toimenpide. Mattoon kääriminen on silti (vaikka se on lastensuojelulain mukaan laitonta) niin yleinen käytäntö monessa lastenkodissa eli tämä on todella hyvä esimerkki siitä kuinka lastensuojelulaitoksissa on lainvastaisia menettelytapoja.

Hermostuin ohjaajien toimintaan eli en voinut katsoa hoitajien mielivaltaista toimintaa vierestä. Tästä suivaantuneena näytin ohjaajille keskisormea ja huusin "haistakaa pahoinpitelijä siat vittu". Tämän jälkeen Aatu-Vili, joka oli käärinyt kyseisen nuoren mattoon, sanoi minulle: "Se on huonearestia seuraava päivä". Lastensuojelulain mukaan lapsi saadaan eristää laitoksen muista lapsista, jos hän käyttäytymisensä perusteella on vaaraksi itselleen tai muille taikka jos eristäminen on muusta erityisen perustellusta syystä lapsen hengen, terveyden tai turvallisuuden kannalta välttämätöntä. Eristämistä ei saa määrätä laajempana eikä pidemmäksi ajaksi kuin lapsen huolenpito ja hoito välttämättä edellyttää. Eristämistä ei saa ilman uutta päätöstä jatkaa yhtäjaksoisesti yli 24 tuntia. Eristäminen on lopetettava heti, kun se ei enää ole välttämätöntä. Eli mitään lastensuojelulain mukaisia perusteita näin pitkälle eristämiselle ei ollut olemassa.

Tulin tämän eristämisen aikana jatkuvasti ulos huoneestani ja minua tympi Pispakodin mielivalta suuresti. Lopulta laitoksen ohjaajat pitivät minusta kiinni eli tilanne johti kiinnipitoon.

Ambulanssilla TAYS:in psykiatriseen päivystykseen

En rauhoittunut millään ja lopulta tilanne johti siihen, että ohjaajat soittivat ambulanssin. Rimpuilin ja potkin ohjaajia. Tässä tilanteessa eräs ohjaaja haukkui minua jollakin halventavalla nimityksellä (en muista millä). Ei mielestäni kovin ammattimaista käyttäytymistä haukkua lasta. Kun ambulanssihenkilökunta tuli paikalle niin käyttäydyin kuitenkin rauhallisesti. Ambulanssin henkilökunta keskusteli Pispakodin työvuorossa olevien ohjaajien kanssa väkivaltaisesta käyttäytymisestäni. Tunsin paljon vihaa, surua ja koti-ikävää. Eräs miespuolinen ohjaaja lähti mukaan ambulanssiin. Kutsuttakoon häntä vaikka Jalmariksi. Tämä oli ensimmäinen ambulanssikuljetukseni huostaanottoni aikana. Pispakodista ei ollut kovin pitkä

matka sairaalaan eli TAYS:iin.
Ambulanssimatka tuntui pitkältä vaikka
sairaalaan oli lyhyt matka. Lopulta
saavuimme sairaalan pihaan. Kävelimme
ambulanssihenkilökunnan ja Jalmarin
kanssa sairaalan ovesta sisään.
Sairaalassa oli muistaakseni vain
jonkinlainen lastenpsykiatrian päivystys,
koska nuoriso – ja aikuispsykiatrian
päivystykset olivat Pitkäniemen
sairaalassa Nokialla. Jouduin odottamaan
varmaankin yli tunnin Pispakodin ohjaajan
kanssa, että lääkäri saapuu paikalle.
Odottavan aika oli siis pitkä. Katsoin
odotushuoneessa televisiota ja lueskelin
lehtiä. Muistaakseni päivystysvuorossa
oleva lastenpsykiatrian erikoislääkäri tuli
tapaamaan minua. Saavuttuaan vihdoin
paikalle, hän jutteli ohjaajan kanssa
suunnilleen vartin, jonka jälkeen hän
kääntyi minun puoleeni. Lääkäri kysyi
minulta, että aionko olla kunnolla ja
vastasin myöntävästi, koska en halunnut
olla enää yhtään hetkeä sairaalassa.

Takaisin Pispakotiin sairaalasta

Tulimme ohjaajan kanssa taksilla sairaalasta takaisin Pispakotiin. Kello oli noin seitsemän illalla. Oli ollut aika rankka päivä joten päätin mennä pikku hiljaa nukkumaan. Olin hyvin vihainen siitä, että minut oli täysin mielivaltaisin perustein eristetty koko vuorokaudeksi huoneeseen. En ollut tietoinen tuolloin omista oikeuksistani saati lastensuojelulaista. Jos olisin ollut tietoinen, niin olisin tehnyt heti kantelun esim. eduskunnan oikeusasiamiehelle. Loppuillan olin huoneessa enkä viitsinyt laittaa vastaan. Menin nukkumaan noin kello kahdeksan aikaan illalla.

Tapaamisten perumisia

Minulla oli ikävä vanhempiani ja olin hyvin vihainen mielivaltaisesta kohtelustani sossun sekä myös Pispakodin taholta. Tämän johdosta käyttäydyin väkivaltaisesti sekä häiriökäyttäydyin. Myös vanhempani koettiin hankaliksi vanhemmiksi, koska he vastustivat huostaanottoani ja mielivaltaista kohteluani. Myös minä olin samoilla linjoilla vanhempiani kanssa. Sosiaaliviranomaiset sekä jotkut Pispakodin ohjaajat väittivät, että minut oli vanhempiani taholta manipuloitu olemaan samaa mieltä heidän kanssaan (mikä ei todellakaan pitänyt paikkaansa). Lopulta sosiaaliviranomaiset rajoittivat tapaamisiani niin, että sain tavata vanhempiani vain joka kolmas viikko olemalla yhden yön kotona. Tapaamisten rajoittaminen alkoi noin vuoden 2004 puolivälissä. Sen lisäksi sain soittaa puhelimella vain pari kertaa viikossa enkä saanut ollenkaan käyttää omaa puhelintani. Tätä ennen sain olla melkein joka viikonloppu kotona sekä sain soittaa puhelimella rajattomasti sekä käyttää omaa puhelintani joka päivä. Tämän johdosta ahdistuin entisestään eli tapaamisten rajoittaminen vain pahensi tilannetta. Lopulta tilanne johti siihen, että väkivaltainen käyttäytymiseni sekä häiriökäyttäytyminen lisääntyi.

<u>Oireilu jatkuu</u>

Minuun kohdistettiin Pispakodissa paljon mielivaltaa. Sosiaaliviranomaisten taholta

minuun ja vanhempiini kohdistettiin
mielivaltaa kuitenkin paljon enemmän.
Myös vanhempiani haukuttiin Pispakodin
ohjaajien taholta. Heidät koettiin hankaliksi
vanhemmiksi. Pispakodin ohjaajat pitivät
vihkoa, johon he kirjasivat ylös mitä
vanhempani olivat sanoneet. Eräs ohjaaja
sanoi minulle minun vanhemmistani,
etteivät he välitä toisistaan. Tämä ei
pitänyt lainkaan paikkaansa. En ymmärrä
mistä hän oli sellaista saanut mieleensä.
Täysin perusteettomia väitteitä, jotka
pohjautuivat pelkästään oletuksiin. Olin
sossulle ja Pispakodille hyvin vihainen ja
tästä syystä oireiluni ja protestointini
Pispakodissa jatkui.

<u>Valvotut tapaamiset alkavat</u>

Olin eräs tammikuinen joululomapäivä
vuonna 2005. Pelasin aamupäivällä jotain
lautapeliä ohjaajan kanssa. Ohjaaja sanoi,
että Pispakodin johtajalla on minulle asiaa.
Menimme rakennuksen alakertaan missä
johtajan työhuone sijaitsi. Kutsuttakoon
johtajaa vaikka Anu Jokiseksi. Henkilöiden
oikeita nimiä en kirjassani julkaise, jotta
välttyisin juridisilta ongelmilta. Johtaja

pyysi minua istuutumaan penkille ja ilmoitti minulle kylmästi, että sosiaaliviranomaiset ovat päättäneet, että tästä lähtien tapaamiseni ovat valvotut. Johtaja ilmoitti myös, että saisin tavata vanhempiani valvotusti vain joka kolmas viikko ja soittaa valvotusti pari kertaa viikossa. Järkytyin ja olin hyvin vihainen. Valvotut tapaamiset olivat alkuaikoina Pispakodissa. Myöhemmin tapaamiset järjestettiin lastenkotia ylläpitävän yhdistyksen pääkonttorissa Tampereella, joka oli hyvin sokkeloinen kiinteistö. Valvotut tapaamiset kestivät vuoden. Valvotut tapaamiset aiheuttivat minulle ahdistusta ja psyykkinen vointini huonontui. Tämä johti esimerkiksi siihen, että käyttäydyin Pispakodissa väkivaltaisesti sekä häiriökäyttäydyin. Sisälläni kihisi raivo. Raivo oli niin suuri, että otin johtajan työhuoneen pöydältä tavaroita, joita heitin seinään. Tämän jälkeen aloin heitellä vielä suuremmalla vauhdilla työhuoneen tavaroita. Johtaja yritti rauhoitella minua. Lopulta tilanne johti siihen, että paikalle tuli kolme mieshoitajaa. Miesohjaajat ns. heittivät minut kenttiin eli laittoivat lattialle ja pitivät kiinni. En rauhoittunut koko

päivänä vaan olin hyvin agressiivinen.
Lopulta tilanne johti siihen, että ohjaajat
kutsuivat ambulanssin.

Ambulanssilla Pitkäniemen nuoriso-osastolle

Ambulanssin tulo kesti noin 20-30
minuuttia. Ambulanssihenkilökunta tuli
johtajan työhuoneeseen sisälle. Olin
rauhallinen kun ambulanssihenkilökunta
tuli paikalle. Ambulanssihenkilökunta
keskusteli Pispakodin ohjaajien kanssa.
Kuulin kun ohjaajat kertoivat
ambulanssihenkilökunnalle riehumisestani
ja muista riehumisistani ylipäänsä. Olin
suhteellisen vanha jo. Täytin samana
vuonna (2005) 13 vuotta. Tästä syystä
johtuen minut vietiin nuorisopsykiatrian
osastolle. Nuoriso-osasto, johon minut
vietiin, sijaitsee Pitkäniemen
psykiatrisessa sairaalassa Nokialla.
Pitkäniemen sairaala kuuluu TAYS:iin eli
Tampereen yliopistolliseen sairaalaan.
Menin ambulanssin kyytiin ja yksi ohjaaja
lähti mukaani. Matka Pitkäniemen
sairaalaan ei ollut kovin pitkä (noin 15-20
min). Pitkäniemi oli minulle jo ennestään

tuttu paikka, koska olin ollut siellä lastenpsykiatrisella yöosastolla. Lastenpsykiatrinen yöosasto sijaitsi silloin vielä Pitkässäniemessä. Nykyään se sijaitsee Tampereella. Saavuimme nuoriso-osaston pihaan noin kello neljä iltapäivällä. Ihan pihan vieressä oli järvenranta. Pitkäniemen rakennukset ovat vanhoja kivitaloja, kuten myös nuoriso-osasto. Ambulanssikuljettaja saattoi minut, sekä ohjaajan sisälle rakennukseen. Vastassa meitä oli kookas mieshoitaja. Hoitaja esitteli minulle paikkoja. Pispakodin ohjaaja poistui tässä vaiheessa paikalta. Olin osastolla rauhallinen koko ajan. Ilta sujui muutenkin hyvin. Hoitaja näytti minulle missä yövyn. Yövyin nimittäin leposidehuoneessa. Leposidehuoneella tarkoitetaan huonetta, jossa on sänky (ja sängyssä on remmit, jotka voidaan sitoa kiinni). Remmejä ei kuitenkaan sidottu, koska olin rauhallinen. Muutakaan yösijaa ei ollut. Seuraavan aamuna heräsin noin klo 8-9 aikoihin. Seuraavana päivänä osaston lääkäri määräsi minulle Risperdal-lääkettä. Hän totesi, että hän määrää kyseistä lääkettä sanoivatpa vanhempani mitä hyvänsä.

Pispakodin henkilökunta toivoi minulle pitkää hoitojaksoa, mutta pidemmälle hoitojaksolle kuin yhdelle yölle ei osaston mukaan ollut tarvetta. Kuulin kun eräs Pispakodin ohjaaja arvosteli toiselle ohjaajalle osastoa, koska "kakaraa" ei voitu pitää osastolla kauemmin. Ei kovin ammattimaista käyttäytymistä.

Käsittelen tässä kohtaa kirjaani loppuaikaani Pispakodissa (eli ennen Toivola-kotiin muuttoa) eli vuosia 2005-2006. Loppuaikani Pispakodissa oli kuin vuoristorataa eli välillä oli hyviä hetkiä ja välillä huonoja. Oireilin kuitenkin niin voimakkaasti, että sosiaaliviranomaiset alkoivat puhua sijoituspaikan vaihdosta. Oireiluuni kuului esimerkiksi väkivaltaisuutta ja häiriökäyttäytymistä. Olin myös kriisijaksolla jonkinnäköisessä tukikeskuksessa, joka oli sairaalaosaston kaltainen, mutta hieman vapaampi. Tämäkään jakso ei auttanut. Todellisiin ongelmiin (esimerkiksi koti-ikävä ja jatkuva rajoittaminen Pispakodissa) ei puututtu. Mielestäni näitä ongelmia olisi tullut hoitaa esimerkiksi lisäämällä kotilomia ja vapauksia sekä tietenkin parhain vaihtoehto jos perusteeton huostaanotto olisi purettu eli olisin päässyt takaisin kotiin. Pispakoti ilmoitti, etteivät he pärjää kanssani. Lopulta sosiaaliviranomaiset alkoivat suunnitella sijoituspaikkani vaihtoa. Koska olin täyttänyt lastensuojelulain vaatimat 12 vuotta (olin

tuolloin 13-vuotias), niin
sosiaaliviranomaiset järjestivät
kuulemistilaisuuden, jossa he kuulivat
mielipiteeni asiasta. Sosiaaliviranomaiset
keskustelivat kanssani ja minulle annettiin
lappu johon laitoin rastin, että vastustan
sijoituspaikan vaihtoa. Tämä on vain
pelkkä muodollisuus eli päätökset on
käytännössä tehty etukäteen. Lopulta
sosiaaliviranomaiset tekivät päätöksen,
että sijoituspaikkani vaihtuu Pispakodista
Toivola-kotiin. Olin hyvin järkyttynyt
päätöksestä. Toivola-koti sijaitsee
Muhoksella. Se sijaitsee 500 kilometrin
päässä kotoani. Toivola-koti oli todella
ahdistava ja ankea laitos, jossa ei
kunnioitettu minun ihmisoikeuksiani. Tästä
lisää myöhemmin kirjassani.

Viides luku

TOIVOLA-KOTI

<u>Viimeinen päivä Pispakodissa</u>

Oli lämmin kevätpäivä vuonna 2006 ja minulla oli haikea olo. Olin pakannut viime päivinä tavaroitani. Oli aika lähteä Toivola-Kotiin Muhokselle. Ulkoilin Pispakodin pihassa. Tämä oli viimeinen päivä kun olin kyseisessä laitoksessa. Olin 13-vuotias ja kesällä täytin Toivola-kodissa 14 vuotta. Auto odotti valmiina pihassa lähtöäni varten. Lähdimme matkaan. Matka Tampereelta Muhokselle oli pitkä. Se kesti noin 5 tuntia.

<u>Koulunkäynnistä</u>

Kouluni jäi kesken Sammon yläasteella Tampereella. Kävin 7. luokkaa. Pispakodin henkilökunta oli kuitenkin sopinut opettajani kanssa, että saan todistuksen. Olin suhteellisen hyvä koulussa ja sain kohtalaisen hyviä arvosanoja. Olin normaali opetuksessa ja opetukseni oli tasokasta. Koulussa käytiin läpi muun muassa historiaa laajasti. Koulunkäyntini jatkui syksyllä 2006 Toivola-Kodin omassa koulussa siirtyäni 8. luokalle. Toivola-kodin oma koulu oli tarkoitettu pääasiassa kehitysvammaisille. Toivola-kodin koulun opettaja sanoi vanhemmilleni hoitoneuvottelussa Toivola-kodissa, että Henrillä menee hyvin, koska Henri osaa lukea ja laskea. Kantelin opetukseni tasosta lääninhallitukselle, tuloksetta. Lääninhallitus katsoi, etten ole kykeneväinen vastaanottamaan tasokkaampaa opetusta, koska häiriökäyttäydyin koulussa, esimerkiksi juoksentelin käytävillä. Purin pahaa oloani ja koti-ikävää häiriökäyttäytymiseen.

Pällin yksiköstä

Toivola-kotiin tullessani saavuin Pällin yksikköön, jossa minuun kohdistui paljon kiinnipitotilanteita eli käyttäydyin väkivaltaisesti. Hoitajien (eli ohjaajien) ja minun välejä hiersi myös se, että sosiaaliviranomaiset eivät päästäneet minua vaarini eli isäni isän hautajaisiin. Eräs hoitaja (kutsuttakoon häntä vaikka Arjaksi) ilmoitti ivallisesti, etten pääse aiemmin keväällä 2006 kuolleen vaarini hautajaisiin kun kysyin häneltä asiaa. Tämä johtui valvotuista tapaamisista. Siirryin Pällistä Voikukan yksikköön, josta siirryin myöhemmin Metsätähden yksikköön. Valvotut tapaamiset loppuivat kesällä 2006 ja kotilomatkin alkoivat pyöriä. Toivola-kodissa minuun kohdistettiin paljon erilaisia rajoituksia, esim. siirrettiin rauhoittumishuoneeseen.

Kanteluista ja viranomaisasioista

Minun ei annettu tehdä kanteluita Toivola-kodin toiminnasta vaan minut ohjattiin

ilmaisemaan kantani
sosiaaliviranomaisille. Kerran minut
ratsattiin lomille lähtiessä, ettei ole
muistiinpanoja tai kantelukirjeitä mukana.
Laillisia oikeuksiani siis loukattiin todella
törkeästi. Lisäksi minulle tulleita
Hämeenlinnan hallinto-oikeuden sekä
korkeimman hallinto-oikeuden kirjeitä
avattiin minun tietämättäni ja lähetettiin
minun tietämättäni vanhemmilleni. Nämä
kirjeet olisi tullut antaa minulle välittömästi
avaamatta niitä. Mitään lastensuojelulain
mukaista perustetta kirjeiden avaamiselle
ei ollut. Eli ei ollut olemassa epäilystä, että
kirjeet olisivat sisältäneet, esimerkiksi
päihdeaineita, koska kirjeet olivat tulleet
viranomaiselta. Lisäksi asiakirjat sisälsivät
muistaakseni aineistoa johon
vastaamiseen hallinto-oikeus oli asettanut
määräajan. Olin 14-15-vuotias kun
Toivola-Koti syyllistyi kyseiseen rikokseen.
Olin siis täyttänyt 12 vuotta eli minulla olisi
ollut oikeus lastensuojelulain mukaan tulla
kuulluksi itseäni koskevassa
lastensuojeluasiassa. Lisäksi hallinto-

oikeuden kirjeissä mainitaan monesti, että ne on käytävä lapsen kanssa yhdessä läpi (ainakin minulle aiemmin lähetetyissä on näin mainittu). Tein asiasta tutkintapyynnön poliisille, joka ei johtanut mihinkään. Tein myös kantelun oikeuskanslerille, joka antoi Toivola-kodille huomautuksen. Tarkemmin sanoen kiinnitti Toivola-Kodin viranhaltijoiden huomiota asianmukaiseen ammattitoimintaan. Kyseessä on apulaisoikeuskanslerin päätös (Dnro 1267/1/07 – AOK 27.6.2008), johon jokainen voi netissä tutustua. Päätös löytyy finlexistä eli netin lakikirjasta. Lopulta minä sain kuitenkin tehdä kanteluita. Kantelin useaan otteeseen lääninhallitukseen sosiaaliviranomaisten toiminnasta (koskien esim. lomien perumisia), tuloksetta.

Toivola-kodissa on monia mielivaltaa käyttäviä ohjaajia. Esimerkiksi eräs ohjaaja (kutsuttakoon häntä vaikka Veli-Pekaksi) haukkui erään nuoren isää julkisesti. Olen kuullut myös väitteitä joiden mukaan samalla paikkakunnalla sijaitsevassa ja samaan firmaan kuuluvassa Pohjola-kodissa työskentelee miesohjaaja, joka lähentelee laitoksen tyttöjä seksuaalisesti. Pohjola-koti on ennen ollut pelkkä poikakoti, mutta siellä on nykyään tytöillekin yksiköitä. Olen kuullut myös, että saman firman lastensuojelulaitoksessa asuvan nuoren tuttava teki ilmoituksen sosiaalitarkastajalle kyseisen nuoren pahoinpitelystä laitoksessa. Nuori joutui kuulemma huone-eristykseen sen takia, että hänen tuttavansa teki kyseisen ilmoituksen. Täysin mielivaltainen ja lainvastainen peruste eristää. Kaverini kertoi, että Pohjola-kodissa oli töissä eräs hoitaja, joka sai potkut sen takia, että hän oli myynyt päihdeongelmaiselle nuorelle lääkkeitä laitoksen lääkekaapista. Todella vastuutonta Kyseinen laitos eli Pohjola-koti on päätynyt myös 45-minuuttia ohjelmaan lainvastaisten eristämiskäytäntöjen takia. Toivola-kotia ja Pohjola-kotia ylläpitää Nuorten ystävät – palvelut Oy, joka kuuluu Nuorten ystävät Ry:hyn.

Kuudes luku

ELÄMÄÄ TOIVOLA-KODISSA

Oli lämmin toukokuinen kesäpäivä vuonna 2006. Vietin ensimmäistä iltaani Toivola-kodissa. Olin juuri kyseiseen laitokseen saapunut. Toivola-Kodissa on iso pihapiiri. Ensimmäinen sijoitusyksikköni Toivola-kodissa oli Pälli. Laitos vaikutti todella ankealta. Valvotut tapaamiset ja puhelut olivat edelleen päällä. Meni muistaakseni noin kuukausi kun valvotut puhelut loppuivat ja kesän aikana kotilomatkin alkoivat pyörimään. Sain lopulta käyttää sähköpostiakin. Alussa Pällissä meni hyvin. Lopulta aloin kuitenkin oireilemaan eli lähinnä häiriökäyttäydyin ja sanoin moneen asiaan vastaan. Oireiluni johtui aika pitkälti siitä, että minut oli sijoitettu

500 kilometrin päähän vanhemmistani.
Lopulta Pällinkin yksiköllä oli vaikeuksia
tulla toimeen kanssani.

<u>Vaikeudet alkavat Pällissä</u>

Koska olin sosiaaliviranomaisten
mielivaltaisen toiminnan vuoksi ahdistunut,
niin aloin oireilemaan. Oireluuni kuului
esimerkiksi väkivaltaisuutta ja
häiriökäyttäytymistä. Väkivaltaisuuteni
ilmeni monesti ensin sanallisina
yhteenottoina, joka päätyivät lopulta
kiinnipitoihin. Heittelin myös tavaroita.
Häiriökäyttäytymiseni ilmeni muun muassa
suunsoittamisena ohjaajille. Kuten jo
aiemmin mainitsin niin, ohjaajien ja minun
välejä hiersi myös se, ettei minua
päästetty vaarini eli isän isäni hautajaisiin.
Kerran eräässä kiinnipitotilanteessa eräs
hoitaja (kutsuttakoon häntä vaikka Arjaksi)
piti minun päätäni hänen jalkateriensä
välissä, niin etten saanut päätäni ulos
jalkaterien välistä. Tämä tuntui
inhottavalta. Lukuisista kiinnipidoista

aiheutui minulle mustelmia. Soitin myös paljon suutani ohjaajille esim. haukuin heitä. Toin myös huonoa kohteluani esiin sossun ja Pällin taholta, jonka ohjaajat kokivat suunsoittona. Minulta myös takavarikoitiin tavaroita ilman, että annettiin minkäänlaisia valituskelpoisia päätöksiä vaikka lastensuojelulaki olisi näin vaatinut.

Voikukan yksikkö

Koska Pällissä meni huonosti, niin Toivola-koti päätti siirtää minut Voikukan yksikköön. Ei vittu oikeesti, mikä lapsellinen nimi (kuin päiväkodista). Olin sentään jo 14-vuotias. Voikukassa meni aluksi hyvin, jonka jälkeen alkoivat taas vaikeudet. Voikukassa työskenteli eräs miesohjaaja, joka haukkui minua sairaaksi nulikaksi. Hän suorastaan nautti ilkeilystä ja kutsui muitakin asukkeja halventavilla nimityksillä. Oli minulla Voikukassa hyviäkin hetkiä esim. käynnit Oulussa ja lähiseudulla sekä harrastin myös paljon

lukemista. Mutta siihen ne hyvät
kokemukset valitettavasti lähinnä jäävät.
Lopulta vaikeudet alkoivat myös
Voikukassa. Oireilu oli samanlaista mitä
muissakin yksiköissä eli lähinnä
häiriökäyttäytymistä ja väkivaltaista
käyttäytymistä. Väkivaltaisuuteni johti
yleensä kiinnipitoihin. Heittelin myös
tavaroita. Häiriökäyttäytymiseni ilmeni
muun muassa suunsoittamisena ohjaajille.
Lopulta Toivola-kodin henkilökunta katsoi,
että Metsätähden yksikkö olisi minulle
parempi sijoituspaikka. Loppukesästä
minut siirrettiin Metsätähden yksikköön,
joka sijaitsee samassa rakennuksessa
mitä Voikukan yksikkö.

Metsätähden yksikkö

Minut siirrettiin Metsätähden yksikköön
muistaakseni elokuun 2006 lopulla.
Metsätähden yksiköstä minulla on
mielekkäämpiä muistoja mitä Voikukan

yksiköstä. Pelasin paljon lautapelejä
ohjaajien ja muiden nuorten kanssa.
Harrastin paljon myös lukemista ja katsoin
TV:tä. Joskus myös käytiin autolla jossain
esim. Oulussa. Ei mitään kummempaa
siis. Jotainhan sitä ajankuluksi piti keksiä.
Kotilomatkin alkoivat taas pyöriä.
Metsätähdenkään yksikkö ei kuitenkaan
ollut täydellinen. Elämä Metsätähdessä oli
kaukana normaali teini-ikäisen elämästä.
Nukkumaan mentiin joka ilta klo 21.
Tietokoneella sai olla muistaakseni vain
puoli tuntia viikossa. Tuo puolen tunnin
tietokoneaika viikossa ei meinannut riittää
minulle ollenkaan. Se, että tuo aika ei
meinannut riittää minulle johtui esimerkiksi
siitä, että tein nettisivuja. Lisäksi pidin
sähköpostilla yhteyttä vanhempiini ja
kavereihini. Kaverisuhteeni kärsivät
Metsätähden toiminnan vuoksi. Onneksi
sain sentään soittaa vanhemmilleni.
Lopulta sain myös oman puhelimeni
käyttöön, jonka jälkeen sosiaalinen elämä
monipuolistui kun sai pitää yhteyttä
laitoksen ulkopuolelle. Oma puhelimeni ei

kuitenkaan ollut minulla kauaa käytössä (vain muutaman kuukauden), koska Nokian sosiaaliviranomaiset rajoittivat jälleen yhteydenpitoani. Sain yhteydenpidon rajoituksen johdosta soittaa vanhemmilleni vain pari kertaa viikossa. Onneksi valvotut puhelut olivat sentään loppuneet. Kavereilleni en saanut soittaa, joten kaverisuhteeni kärsivät jälleen kerran.

Minuun kohdistettiin myös muita mielivaltaisia rajoituksia. Esimerkiksi yhteen aikaan minulta kiellettiin kokokaan tietokoneen käyttö. Rajoitus oli päällä monta kuukautta. Mielestäni tämä oli todella törkeää. Näistä syistä sekä koti-ikävästä johtuen aloin oireilemaan Metsätähdessä. Oireiluni ilmeni muun muassa väkivaltaisena käyttäytymisenä (eli esimerkiksi tavaroiden heittelynä ja lukuisina kiinnipitotilanteina) ja häiriökäyttäytymisenä (eli esimerkiksi sanoin ohjaajille paljon vastaan). Olin Metsätähdestä myös kolme kertaa osastojaksolla. Olin kaksi kertaa OYS:in suljetulla nuorisopsykiatrisella akuuttiosastolla sekä kerran TAYS:in nuorisopsykiatrisella osastolla. Tilanne ei silti muuttunut parempaan suuntaan. Mielestäni olisi tullut hoitaa niitä varsinaisia syitä miksi oireilin eli antaa minun käyttää omaa puhelintani ja soittaa vapaasti vanhemmilleni sekä käyttää tietokonetta. Normaaleja asioita teini-ikäisen elämässä, mutta mitä Metsätähdessä ei kuitenkaan annettu tehdä.

Lukuisien (eli näiden kolmen) osastojakson jälkeen Metsätähden ohjaajat, Toivola-kodin psykiatrinen sairaanhoitaja Hilma Kaakko (nimi vaihdettu) ja lääkäri Anu Kuismanen (nimi vaihdettu) alkoivat pohtia uutta osastojaksoa minulle. He kävivät keskusteluja minun kanssani. Olin jopa itse sitä mieltä, että haluan vaihtaa maisemaa. Niinpä Toivola-kodin lääkäri Anu Kuismanen ryhtyi tuumasta toimeen

eli hän oli yhteydessä TAYS:in
Pitkäniemen sairaalan
nuorisopsykiatriseen osastoon ja tiedusteli
sitä olisiko kyseinen osasto minulle sopiva
hoitopaikka – olinhan siellä jo kerran ollut,
eikä tilanteeni hirveästi muuttunut.
Nuoriso-osasto ilmoitti lääkäri
Kuismaselle, että parempi hoitopaikka olisi
TAYS:in Pitkäniemen sairaalan Erityisen
vaikeahoitoisten alaikäisen psykiatrinen
tutkimus – ja hoitoyksikkö eli EVA-yksikkö.
Pitkäniemen sairaala sijaitsee Nokialla.
Taipaleeni Toivola-kodissa päättyi
marraskuussa 2008 eli en enää palannut
Toivola-kotiin osastojakson jälkeen.
Oireiluuni Toivola-kodissa syksyllä 2008
vaikutti todella merkittävästi myös äitini
kuolema, josta lisää myöhemmin tässä
kirjassa. EVA:n osastojakson jälkeen
muutin Vähäkyröläiseen nuoriso-kotiin.

OSASTOJAKSOJA

Olin Toivola-kodista kolme kertaa osastojaksolla. Kaksi kertaa olin OYS:in nuorisopsykiatrisella suljetulla akuuttiosastolla sekä yhden kerran nuorisopsykiatrisella osastolla Pitkäniemen sairaalassa Nokialla. Kaikki osastojaksot olivat Metsätähden yksikössä asuessani. Neljännen kerran kun lähdin osastolle, niin en enää palannut Toivola-kotiin. Neljäs osastoreissu oli siis TAYS:in Erityisen vaikeahoitosten alaikäisten psykiatriseen tutkimus – ja hoitoyksikössä eli EVA-yksikössä.

<u>Ensimmäinen kerta OYS:in suljetulla
nuoriso-osastolla</u>

Oli talvinen päivä vuoden 2006
loppupuolella. Minulla oli koti-ikävä. Sain
Toivola-kodin ohjaajilta ikävän uutisen.
Kotilomani oli peruttu, koska olin sanonut
mielipiteitäni ohjaajille kohtelustani. Minut
siis koettiin liian uhmakkaaksi. Eli täysin
mielivaltainen päätös
sosiaaliviranomaisilta perua lomani.
Hermostuin totaalisesti ja rikoin ikkunan.
Ohjaajat päätyivät soittamaan
ambulanssin paikalle. Ambulanssi vei
minut ensin Muhoksen
terveyskeskukseen, jossa
terveyskeskuksen hoitaja kritisoi, että on
se kumma, ettei Toivola-koti tule toimeen
kanssani. Terveyskeskuksen lääkäri
kirjoitti lähetteen OYS:in suljetulle
nuorisopsykiatriselle akuuttiosastolle.
Menin osastolle ambulanssilla.
Osastojakso kesti noin viikon, jonka
jälkeen palasin Toivola-kotiin.

<u>Hoitojakso Pitkäniemen sairaalan nuoriso-osastolla Nokialla</u>

Väkivaltaisuuteni ja muu oireiluni Toivola-kodissa paheni entisestään. Toivola-kodin lääkäri Anu Kuismanen (nimi vaihdettu) kirjoitti lähetteen Pitkäniemen sairaalan nuorisopsykiatriselle osastolle. Olin osastolla 2-5 kuukautta. Osastojakso alkoi alkuvuodesta 2008. Osastojakson aikana kävin päivälomilla kotona sekä muistaakseni olin vain yhden viikonlopun yölomalla kotona. Vointini parani ja palasin Toivola-kotiin keväällä 2008. Tämä osasto ei kuitenkaan ollut pahin laitos missä olen ollut vaikka huonoja kokemuksia sieltäkin toki on. Muistan esimerkiksi osaston lääkärin (kutsuttakoon häntä vaikka Lauriksi). Lääkäri Lauri vähätteli minua ja puhui minusta osaston henkilökunnan kanssa selkäni takana. Lauri myös arvosteli vanhempiani huonoiksi vanhemmiksi.

<u>Toinen kerta OYS:in suljetulla nuoriso-
osastolla</u>

Vointini huonontui entisestään
sosiaaliviranomaisten
lastensuojelumaksuilla aiheuttaman
vanhempieni heikon taloustilanteen
vuoksi. Äitini oli keväällä 2008 saanut
töissä sairauskohtauksen sekä jäänyt pois
töistä. Sairauskohtaus johtui varmasti aika
pitkälti siitä, että äitini oli henkisesti
väsynyt. Hänen henkinen väsymisensä
johtui aika pitkälti sosiaaliviranomaisten
toiminnasta. Koska vointini oli
huonontunut, niin Toivola-kodin
psykiatrinen sairaanhoitaja Hilma Kaakko
(nimi vaihdettu) tilasi eräänä päivänä
loppukesästä 2008 laitokseen
ambulanssin, joka kuljetti minut ensin
Muhoksen terveyskeskukseen, josta
matka jatkui lääkärin lähetteellä OYS:in
suljetulle nuorisopsykiatriselle osastolle.
Kyseisenä päivänä olin hajottanut
paikkoja, koska olin ahdistunut.
Osastojakso kesti vain muutaman päivän

jonka jälkeen palasin Toivola-kotiin.
Osaston lääkäri antoi suosituksen, jonka
mukaan huoneeni tulee tyhjentää. Toivola-
kodin työntekijät tyhjensivät huoneeni
lainvastaisin menettelyvirhein. Lisää
huoneen tyhjentämisestä seuraavassa
luvussa.

Kahdeksas luku

ÄIDIN KUOLEMA JA OIREILUA TOIVOLA-KODISSA

Äidin kuolemasta

Oli perjantai-ilta 22.8.2008. Minulla oli tunnin puhelinaika vanhemmille. Koska yhteydenpitoni oli rajattua, niin se oli viimeinen kerta kun kuulin äitini elävänä. Näin hänet elävänä viimeksi keväällä 2008. Kiitos sosiaaliviranomaisten. Sain tiedon äitini kuolemasta, kun isäni soitti minulle Toivola-kotiin sunnuntaina 24.8.2008. Äitini oli kuollut aiemmin samana päivänä. Menin hetkellisesti shokkiin. Olin järkyttynyt, surullinen, vihainen ja pettynyt sekä itkin koko päivän. Äitini kuoli jonkinnäköiseen

sairauskohtaukseen (ilmeisesti
sydänkohtaus). Äitini
ruumiinavauspöytäkirjoissa mainitaan, että
vainajalla oli murheita elämässään.
Sosiaali – ja muiden viranomaisten toimet
ovat juuri näitä murheita. Eli mielestäni on
osittain esimerkiksi Nokian
sosiaaliviranomaisten syy, että äitini kuoli.
Toivola-Kodin lääkäri Anu Kuismanen
(nimi vaihdettu) suhtautui nuivasti minun
suruuni äitini kuolemasta. Hän sanoi, että
se on valitettavaa, jos aikuinen ihminen ei
osaa huolehtia itsestään. Mielestäni tämä
oli todella törkeästi sanottu. Kun äitini kuoli
asuin Metsätähden yksikössä.

Huoneen tyhjentämisestä

Huoneeni tyhjennettiin jo ennen äitini
kuolemaa OYS:in lääkärin suosituksesta
(oireiltuani psyykkisesti Toivola-kodissa).
Huoneeseen jätettiin ainoastaan sänky ja
tyhjä kirjoituspöytä. Lisäksi en saanut
kirjoittaa ollenkaan yhtään mitään, en
omassa huoneessani, enkä yleisissä

tiloissa, enkä missään muuallakaan.
Kirjoittaminen oli kokonaan kielletty
minulta. Huoneeni tyhjennettiin
lainvastaisin menettelyvirhein. Huoneeni
tyhjänä pitoa jatkettiin lisää (oireiltuani
äidin kuoleman jälkeen). Huoneeni
tyhjentäminen tuntui todella
epäoikeudenmukaiselta. Se pahensi äitini
kuolemasta johtuvaa suruani, koska
minulla ei ollut mitään virikkeitä. Huoneen
tyhjentämisen aikaan asuin Metsätähden
yksikössä.

Rajoituspäätös oli kirjoitettu juridisesti
väärin, eikä siinä ei ollut valitusosoitusta
eli minulla ei ollut mahdollista valittaa
hallinto-oikeuteen. Ja en olisi voinutkaan
kirjoittaa valitusta, kun kirjoittaminen oli
minulta kokonaan kielletty. Tilasin
asiakirjat Nokian sosiaalitoimesta
loppuvuodesta 2012. Tein asiasta
kantelun Pohjois-Suomen
aluehallintovirastoon (ent. lääninhallitus)
11.2.2013. Toivola-koti ei ollut liittänyt
rajoituspäätökseensä valitusosoitusta.

Rajoituspäätös koskee omaisuuden haltuunottoa (huoneen tyhjentämistä). Minulla olisi ollut lain mukaan oikeus valittaa rajoituspäätöksestä hallinto-oikeuteen. Rajoitus tehtiin 1.8.2008 eli 1.1.2008 voimaan tulleen lastensuojelulain aikaan. Lisäksi rajoituksen perusteeksi on kirjattu lastensuojelulain 67 § eli omaisuuden ja lähetysten tarkastaminen vaikka rajoituksen perusteeksi olisi tullut kirjata lastensuojelulain 65 § eli aineiden ja esineiden haltuunotto. Huoneeni tyhjennettiin kokonaan ja omaisuuteni siirrettiin muihin tiloihin, joten ei ole mitään epäselvyyttä, että kyseessä on omaisuuden haltuunotto. Lisäksi eräässä rajoituspäätöksessä oli muutoksenhakuviranomaisen eli hallinto-oikeuden tilalle vaihdettu lääninhallitus (eli hallinto-oikeuden nimi yliviivattu ja kirjoitettu tilalle lääninhallitus). Hallinto-oikeus on toimivaltainen viranomainen haettaessa muutosta lastensuojelulaitoksen määräämiin rajoitustoimenpiteisiin (ei lääninhallitus,

nyk. aluehallintovirasto).
Rajoituspäätöksen pituudeksi oli kirjattu
yksi tunti (31.7.2008 klo 12-13).Näin ollen
rajoitusta ei olisi ollut lain mukaan oikeutta
jatkaa enää tuon ajan jälkeen ainakaan
samalla rajoituspäätöksellä. Rajoitus kesti
siis paljon pidempään kuin yhden tunnin
(n. 1-3 kk), joka selviää jo
rajoituspäätöksen perusteluista.
Käsitykseni mukaan rajoituksen
tarpeellisuus tulisi arvioida uudelleen
rajoitukselle asetetun määräajan
päätyttyä. Näin ei oltu siis toimittu.

<u>Loppuaikani Toivola-kodissa</u>

Oireiluni Toivola-kodissa oli todella
voimakasta. Käyttäydyin väkivaltaisesti eli
minulla oli useita kiinnipitotilanteita sekä
heittelin tavaroita. Minä myös
häiriökäyttäydyin esim. soitin suutani
ohjaajille. Tämän vuoksi Toivola-kodin
henkilökunta alkoi keskustella
mahdollisesta osastojakson tarpeesta.
Aluksi tiedusteltiin TAYS:in

nuorisopsykiatrian osastolta olisiko se heidän mielestään sopiva paikka minulle. Nuoriso-osaston lääkäri kuitenkin suositteli minun lähettämistä TAYS:in Erityisen vaikeahoitoisten alaikäisten psykiatriseen tutkimus – ja hoitoyksikköön (EVA-yksikkö). Asiasta ryhdyttiin sitten tuumasta toimeen ja Toivola-kodin lääkäri Anu Kuismanen (nimi vaihdettu) kirjoitti minulle lähetteen EVA-yksikköön. Kävin keskusteluja tilanteestani myös Toivola-kodin psykiatrisen sairaanhoitajan Hilma Kaakon (nimi vaihdettu) kanssa. Hilma Kaakolla oli tapana arvostella vanhempiani ja puhua heistä minun ja vanhempieni selän takana Toivola-kodin henkilökunnan ja Nokian sosiaaliviranomaisten kanssa. Anu Kuismanen kirjoitti lähetteen joskus syksyllä 2008. Paikka EVA-yksiköstä vapautui marraskuussa 2008.

Yhdeksäs luku

EVA-YKSIKKÖ JA LAITTOMIA RAJOITUKSIA

Kuten jo aiemmin tässä kirjassani mainitsin, niin lopulta psyykkinen oireiluni Toivola-kodissa johti siihen, että laitoksen lääkäri Anu Kuismanen (nimi vaihdettu) kirjoitti minulle lähetteen TAYS:in Erityisen vaikeahoitoisten alaikäisten psykiatriseen tutkimus – ja hoitoyksikköön eli EVA-yksikköön, joka sijaitseen Pitkäniemen sairaalassa Nokialla. Oli eräs marraskuun päivä vuonna 2008. Oli aika lähteä EVA-yksikköön. Pakkasimme tavarat ja hyppäsimme autoon. Meitä oli minun lisäkseni mukana Toivola-kodin psykiatrinen sairaanhoitaja Hilma Kaakko (nimi vaihdettu) sekä Toivola-kodin oma sosiaalityöntekijä Mari Kallio (nimi vaihdettu). Eräs Toivola-kodin ohjaaja kuskasi meidät lentoasemalle. Saavuimme Oulun lentoasemalle. Minulla oli osittain helpottunut olo sen johdosta, että kohta maisema vaihtuisi. Toivola-koti kohteli minua todella ala-arvoisesti. Tosin EVA-yksikkö oli joissakin asioissa paljon rankempi laitos. Lento oli nopeasti ohi. Saavuimme Tampere-Pirkkalan lentoasemalle. Matka jatkui taksilla Pitkäniemen sairaalaan Nokialle. Ympäristö oli jo ennestään minulle tuttua, kuten tästä kirjastani käy ilmi. Saavuimme EVA-yksikön pihaan. Se oli nuorisopsykiatrisen osaston vieressä, jossa olin jo aiemmin ollut.

Alkuneuvottelu

Soitimme EVA-yksikön ovikelloa, jonka jälkeen osaston hoitaja tuli avaamaan oven. Hoitaja esittäytyi ja totesi, että minä olen varmaan uusi tulokas. Johon

vastasimme myöntävästi. Ensimmäisenä
huomioni kiinnittyi siihen, että ovi oli
molemmilta puolin lukossa. Tämä oli tosin
tuttua muistakin laitoksista missä olen
ollut. Toiseksi huomioni kiinnittyi siihen,
että kuljimme metallinpaljastimen läpi.
Kolmanneksi huomioni kiinnittyi siihen,
että minulle suoritettiin ruumiintarkastus eli
taskuni tarkastettiin ja minua tunnusteltiin
käsillä, ettei vaatteissani ole mitään.
Minulta otettiin myös huumeseula ja minut
puhallutettiin vaikka en ole ikinä mitään
aineita käyttänyt. Enkä ole myöskään
alkoholia pahemmin juonut. Tässä
vaiheessa mietin, että millaiseen paikkaan
olen oikein tulossa. Alkuneuvottelussa
käytiin läpi muun muassa oireiluani
Toivola-kodissa. Minulle esiteltiin myös
omahoitajani, joista toinen oli mies ja
toinen oli nainen. Neuvottelun jälkeen
tavarani tarkastettiin ja minut laitettiin
käymään suihkussa.

Ensimmäiset päivät EVA-yksikössä

Ensimmäiset päivät EVA-yksikössä menivät hyvin. Tutustuin EVA-yksikköön ja sen sääntöihin. Joka ilta piti rauhoittua huoneeseen klo 21. Iltapäivälehtien sekä juorulehtien lukeminen oli EVA-yksikössä kielletty. Vessojen ja suihkujen ovet olivat lukossa. Vieraita sai tavata erillisessä tapaamishuoneessa. Yksi muistikuva EVA-yksiköstä minulla on se, että aina kuljettiin monen lukon kautta, kun liikuttiin osaston sisällä tai käytiin ulkona. Ainakin minun aikana EVA-yksikössä oli käytäntönä, että kun uuden potilaan saapuessa osastolle ennen kuin potilas voi liikkua ulkona tulee hänen saada lupa liikkua ulkona. En tiedä onko kyseistä käytäntöä enää käytössä. Kyseinen käytäntö on laillisuusnäkökulmasta kyseenalainen. Nimittäin mielenterveyslain mukaan potilaaseen kohdistuvat rajoitustoimenpiteet esimerkiksi ulkona liikkumisen suhteen tulisi arvioida jokaisen potilaan kohdalla yksilöllisesti.

<u>Laittomia rajoituksia – OSA 1</u>

Minuun kohdistettiin EVA-yksikössä paljon erilaisia rajoituksia, joista osa oli laittomia. Tein kohtelustani kantelun 10.8.2009 Länsi-Suomen läänihallitukselle (nyk. Länsi – ja Sisä-Suomen aluehallintovirasto). Aluehallintovirasto antoi asiassa päätöksen 26.1.2011 ja kiinnitti huomiota seuraaviin seikkoihin:

Puhelintuntejani valvottiin ja yhteydenpitoani rajoitettiin ilman, että rajoituksesta laadittiin kirjallista valituskelpoista päätöstä vaikka laki olisi näin vaatinut. Minulla olisi siis ollut oikeus hakea muutosta yhteydenpidon rajoittamiseen valittamalla hallinto-oikeuteen. Lisäksi yhteydenpidon rajoittaminen osaston toimesta, on mahdollista lain mukaan vain, mikäli potilas on pakkohoidossa. Yhteydenpitoani rajoitettiin osaston toimesta myös silloin kun olin vapaaehtoisessa hoidossa eli myös tältä osin rikottiin lakia. Aluehallintovirasto antoi yhteydenpidon rajoittamisesta huomautuksen EVA-yksikön ylilääkärille.

Minut on myös kääritty mattoon ollessani vapaaehtoisessa hoidossa. Eduskunnan oikeusasiamies on ratkaisukäytännössään 121/2/95 rinnastanut mattoon käärimisen sitomiseksi kehitysvammaisten hoidossa. Tämä ratkaisukäytäntö on pätevä oikeusohje myös psykiatrisessa hoidossa. Lisäksi olin lastensuojelulain perusteella huostaanotettu, joten myöskään lastensuojelulain mukaan ei toimittu oikein. Oikeuskirjallisuudessa (Lastensuojelulaki, Käytäntö ja soveltaminen, Tapio Räty, 2012 - kirja sivu 511 - kohta 11.9 Kiinnipitäminen, 68 §) todetaan mm. seuraavaa: Lastensuojelulain mukaisessa kiinnipitämisessä ei saa käyttää välineitä (lasta ei saa esimerkiksi kääriä mattoon). Lapsen ja kiinnipitäjän välillä voi olla kuitenkin huopa tai ohut liina, jolloin tarkoitus on suojata lapsen fyysistä koskemattomuutta. Aluehallintovirasto antoi laittomasta sitomisesta eli mattoon käärimisestä huomautuksen EVA-yksikön ylilääkärille.

Minut sidottiin monta kertaa myös lepositeisiin. Kesän 2009 aikana yhteensä 15 kertaa. Lepositeet tarkoittavat sänkyä, jossa on remmit ja remmit laitetaan kiinni. Aluehallintovirasto kiinnitti Pitkäniemen sairaalassa 9.8.2009 päivystävänä lääkärinä toimineen lääkärin huomiota siihen, että hänen 9.8.2009 toteutunut ja määräämänsä minuun kohdistunut leposide-eristys oli kestänyt liian pitkään eli 9 tuntia ja 40 minuuttia. Leposide-eristystä jatkettiin ikään kuin ihan varmuuden vuoksi, koska olin kertonut mielipiteitäni hoidostani leposide-eristyksen aikana. Minut siis koettiin tämän vuoksi liian uhmakkaaksi. Siis täysin mielivaltainen peruste jatkaa leposide-eristystä. Hyvä, että aluehallintovirasto kiinnitti asiaan huomiota. Aluehallintovirasto kiinnitti huomiota myös siihen, että lääkäri ei ollut tutkinut minua leposide-eristyksen aikana yli viiteen tuntiin vaikka lain mukaan lääkärin tulee tutkia alaikäisen leposide-eristetyn tilan vähintään kahden tunnin välein. Siis ihan vitun sairasta kohtelua. Lisäksi aluehallintovirasto kiinnitti kyseisen lääkärin huomiota siihen, että kyseinen lääkäri oli myös kirjannut lääkeannostukset huolimattomasti väärin. Lisäksi aluehallintovirasto kiinnitti huomiota siihen, että eräästä leposide-eristyksestäni ei ollut tehty merkintää hoitoyksikössä pidettävään erilliseen luetteloon vaikka mielenterveyslaki olisi näin vaatinut.

<u>Laittomia rajoituksia – OSA 2</u>

Tein 27.6.2011 Länsi – ja Sisä-Suomen aluehallintovirastolle kantelun koskien EVA-yksikön rajoitustoimenpiteitä ja muita käytäntöjä. Aluehallintovirasto antoi asiassa päätöksen 23.7.2012.

Aluehallintovirasto ei puuttunut mihinkään esittämiini seikkoihin paitsi siihen, että EVA-yksikön nuoriso-ohjaaja puhui minun kohdallani (liittyen huone-eristykseen) tapaväkivaltaisen hoitomuodosta. Eli minun jatkuva eristämiseni olisi niin sanottua tapaväkivaltaisen hoitoa. Nuoriso-ohjaan kommentti liittyy siihen, että lääkärin määräyksestä olin koko viikonlopun huonehoidossa. Aluehallintovirasto ei kuitenkaan puuttunut huonehoitooni vaan pelkästään tähän nuoriso-ohjaajan kommenttiin. Huonehoito oli perjantaina ennalta määrätty nimenomaan kestämään koko viikonlopun. Huonehoito on eristämistä ja mielenterveyslain mukaan eristäminen tulee lopettaa heti kun se ei ole enää välttämätöntä. Huonehoitoni oli siis mielenterveyslain vastainen. Aluehallintovirasto totesi, että kyseinen nuoriso-ohjaajan kommentti oli epäasiallinen. Mitään tapaväkivaltaisen hoito-ohjelmaahan ei saa lain mukaan olla

olemassa vaan rajoitustoimenpiteet on
arvioitava yksilöllisesti.

Esitin kantelussani seuraavia seikkoja:

Mielenterveyslain mukaan omaisuuden
haltuunotosta on annettava
valituskelpoinen päätös. Eli omaisuuden
haltuunottoa koskevaan päätökseen on
oikeus hakea muutosta valittamalla
hallinto-oikeuteen. Tätä lainkohtaa, ei
EVA-yksikössä ainakaan minun
hoitojaksoni aikana noudatettu. EVA-
yksikön väkivaltaseuraamuksiin (eli
seuraamuksiin väkivaltaisesta
käyttäytymisestä) kuului se, että potilaan
tavarat ovat viikon takavarikoituna. Näitä
väkivaltaseuraamuksia tosin yksilöllistettiin
myöhemmin. En tiedä mikä on nykyään
käytäntö EVA-yksikössä, koska en ole
siellä moneen vuoteen ollut. EVA-yksikön
ylilääkäri antoi aluehallintovirastolle
selvityksen, että tavarani olivat vain
hetkellisesti takavarikoitu siksi aikaa, että
rauhoittuisin, vaikka todellisuudessa ne

saattoivat olla takavarikoituna jopa viikon. Asiassa ei ole mitään epäselvyyttä, etteikö tässä tilanteessa tulisi tehdä valituskelpoista päätöstä. Tämä on todella törkeää valvontaviranomaiselle valehtelua. Tämä osoittaa juuri sen, että mielenterveyspotilaan ja ylipäänsä sosiaalihuollon asiakkaan oikeusturva on Suomessa heikko. Kanteluja käsittelevät tahot eli valvontaviranomaiset uskovat kaikki kantelun kohteen selitykset. EVA-yksikössä on monia käytäntöjä, jotka perustuvat laitoksen omiin sääntöihin – eivät lakiin.

EVA-yksikön väkivaltaseuraamuksiin kuului ainakin yhteen aikaan; vuorokauden huonehoito, viikko sisällä, huone tyhjänä viikon ja puhelin pois viikon. Muistaakseni vapaakävelyn (eli yksin luvan liikkua yksin ulkona) menettäminen kuului myös näihin seuraamuksiin. Nämä seuraamukset saattoi saada jopa yhdestä uhkauksesta. Tämä on täysin mielivaltaista sekä lainvastaista eristämistä ja rajoittamista. Mielenterveyslain mukaan eristäminen esimerkiksi huonehoito on lopetettava heti kun se ei ole enää välttämätöntä. Lisäksi kaikki rajoitustoimenpiteet on lain mukaan arvioitava yksilöllisesti eli lain mukaan ei saa olla olemassa mitään osaston omia käytäntöjä, jotka ovat kaikille samoja. Esimerkiksi EVA-yksikön väkivaltaseuraamukset ovat juuri näitä kaikille samoja eristämis – ja rajoittamiskäytäntöjä. EVA-yksikön väkivaltaseuraamukset rikkovat siis lakia. Lisäksi ne ovat täysin kohtuuttomia esimerkiksi sen vuoksi, että ne saattoi saada jopa yhdestä uhkauksesta.

Lisäksi EVA-yksikössä oli yhteen aikaan käytäntönä, että kahden 15 minuutin huonejäähyn (eli ajan, joka täytyy olla huoneessa) jälkeen seuraava "huonejäähy" on loppupäivä huonehoitoa. En tiedä onko kyseistä käytäntöä enää. Tämä on täysin mielivaltainen ja lainvastainen eristämiskäytäntö.

Eristäminen kun tulee ensinnäkin arvioida yksilöllisesti ja lopettaa heti kun se ei ole enää välttämätöntä.

Kun nuori kävi ulkona vapaakävelyllä, niin monesti hänelle suoritettiin henkilöntarkastus eli katsottiin taskut ja tunnusteltiin pintapuolisesti keho. Näitä tarkastuksia on suoritettu myös osaston sisäpuolella.
EVA-yksikön sääntöihin kuuluu, että aina kun nuori palaa lomilta niin hänelle suoritetaan henkilöntarkastus sekä henkilönkatsastus. Henkilönkatsastus sisältää lain muun muassa puhalluskokeen ja virtsanäytteen ottamisen. Eli lomilta palaavan nuoren keho tunnusteltiin pintapuolisesti ja katsottiin taskut sekä otettiin virtsanäyte (huumeiden varalta) ja nuori puhallutettiin (alkometrillä). Nämä tarkastukset on hoitanut yleensä vain yksi hoitaja, vaikka heitä tulisi lain mukaan olla kaksi. Lisäksi henkilöntarkastuksen – ja katsastuksen määrää aina lääkäri. Nämä tarkastuksia

voitaan suorittaa vain silloin kun on syytä epäillä, että potilaalla on kehossaan tai vaatteissaan jotain kiellettyä eli niitä ei voida suorittaa rutiininomaisesti. Eli tässä on yksi laiton käytäntö EVA-yksikössä. Koska nämä tarkastukset ovat EVA-yksikössä rutiininomaisia, niin läheskään kaikkiin tarkastuksiin ei ole lääkärin lupaa. Eikä kaikkia tarkastuksia ole kirjattu potilasasiakirjoihin, vaikka lain mukaan pitäisi. Lisäksi nuorten ja vieraiden on aina osastolle tullessaan kuljettava metallinpaljastimen läpi. Tämä käytäntö on laillisuusnäkökulmasta kyseenalainen sillä se on luettavissa henkilöntarkastukseksi – tai katsastukseksi, joita ei voida suorittaa rutiininomaisesti (eli voidaan suorittaa vain silloin kun on syytä epäillä, että kehossa tai vaatteissa on jotain kiellettyä). Toki ymmärrän, että näitä tarkastuksia tehdään osaston turvallisuuden vuoksi. Mielestäni kuitenkin lakia tulisi noudattaa eli suorittaa tarkastukset vain silloin kun on syytä epäillä. Esimerkiksi Pitkäniemen sairaalan nuorisopsykiatrisella osastolla (jossa olen myös ollut – kuten tästä kirjastani ilmenee) henkilöntarkastuksia eikä katsastuksia suoriteta rutiininomaisesti. Eli juuri niin pitäisi mielestäni toimia. Yksi minun periaatteistani on se, että kaikessa viranomaistoiminnassa on noudatettava tarkoin lakia. Tämä sanotaan myös Suomen perustuslaissa.

Oltuani tyytymätön aluehallintoviraston päätökseen tein 2.11.2012 kantelun eduskunnan oikeusasiamiehelle. Asian käsittely on tätä kirjoittaessani kesken. Eduskunnan oikeusasiamies on kuitenkin selvityspyynnössään 24.5.2013 kiinnittänyt huomiota siihen, että (selvityspyynnön liitteenä olevan muistion perusteella) näyttää siltä, että aluehallintoviraston olisi tullut tutkia ainakin pidemmät huonehoitojaksoni eristämisinä ja ottaa kantaa siihen onko toimenpiteille ollut lainmukaiset perusteet. Minun eristämiselle ei mielestäni ole aina ole ollut todellakaan lain mukaiset perusteet ensinnäkin sen vuoksi eristämiseni on monesti jatkunut liian pitkään (eristäminen on mielenterveyslain mukaan lopetettava heti kun se ei ole enää välttämätöntä). Hyvä esimerkki tästä on viikonlopun mittainen huonehoito, josta jo aiemmin mainitsin. Kantelussani esitin oikeusasiamiehelle samat asian uudestaan mitä aluehallintovirastolle. Lisäksi katsoin, että aluehallintoviraston olisi tullut tutkia minun oman hoitoni lisäksi osaston yleiset käytännöt, koska kanteluni kohdistui pääasiassa niihin.

EVA-yksiköstä osastona

EVA-yksikkö on rankin laitos, jossa olen ollut. Myös kaverini on sanonut samaa. Hän kertoi, että osaston miespuolinen lääkäri (kutsuttakoon kyseistä lääkäriä vaikka Penaksi) nauroi tai hymyili ivallisesti hänen ollessaan leposide-eristettynä. Pena on tosi vittumainen ja epäystävällinen lääkäri. Eräs toinen kaverini kertoi, että lääkäri Pena on hänen muistaakseen kahdenkeskisessä keskustelussa nimitellyt häntä nistiksi ja puhunut hierarkiasta sekä sanonut ettei hänen sanomaansa voida todistaa. Lisäksi Pena on kuulemma nauranut tai hymyillyt huvittuneesti hänen piikkikammolleen. Kuten jo aiemmin mainitsin, niin vieraita sai tavata erillisessä tapaamishuoneessa. Hoitoni edistyessä sain käydä vieraiden kanssa myös ulkona ja sairaalan kahviossa – tosin hoitajan kanssa.

Muistan, että EVA-yksikössä olin syksyn 2009 aikana eräänlaisessa horrostilassa. Tämä johtui lääkityksestäni. Muuta mielekästä tekemistä ei ollut kuin tuijottaa TV:tä, liikkua osaston käytävillä ympäriinsä ja nukkua. En voinut lääkitykseni sivuvaikutuksen vuoksi keskittyä lukemiseen enkä olisi edes muistanut lukemaani. Yritin kyllä lukea, mutta siitä ei tullut kerta kaikkiaan mitään. Minua siis lääkittiin vakavia sivuvaikutuksia aiheuttaneilla lääkkeillä; Truxalilla ja Peratsinilla. Ne aiheuttivat minulle voimakkaita muistihäiriöitä.

Truxalin vaikutuksen aikana kun katsoin TV:tä, en muistanut mitä TV:ssä oli tapahtunut minuutti sitten. Peratsinin vaikutuksen aikana ihan arkitoiminnoissa minulla oli huono muisti. Kun laitoin osastolla huoneeni oven kiinni, niin en ihan tarkkaan muistanut laitoinko sen kiinni 10 sekuntia sitten. Pelkäsin, että näistä tuntemuksista tulisi pysyvä olotila. Onneksi ei tullut. Siis tämä on todella törkeää kemiallista pahoinpitelyä. Pelkäsin, että voinko ikinä enää elää normaalia elämää. En ole tehnyt tästä asiasta kantelua, koska asiaa on hankala todistaa. Omalääkärini (kutsuttakoon häntä vaikka Marjutiksi) ei ottanut lääkkeiden sivuvaikutuksia eikä niihin liittyviä huoliani tosissaan. Samoilla linjoilla oli kumpikin omahoitajani. Lääkitykseni johdosta myös pelleilin osastolla paljon, koska en yksikertaisesti kyennyt muuhun eli olin ihmiskasvi. Lisäksi EVA-yksikön sairaalakoulun opettaja on kertonut minulle, että joskus sairaalakoulussa saatetaan joillekin nuorille lukea oppikirjoja, koska nuori ei itse pysty lukemaan tekstiä sen vuoksi, että näkö on sumentunut lääkityksestä johtuen. Siis tämä on todella törkeää lasten kemiallista pahoinpitelyä Suomessa. Lasten, joiden tulisi joskus elää normaalia elämää, asua yksin sekä suorittaa jatko-opintoja ja / tai käydä töissä. Ei ihme, että nuorten työkyvyttömyyseläkkeet ovat Suomessa kasvussa kun lapsia ja nuoria kohdellaan viranomaisten toimesta näin huonosti.

Loppuaikani EVA-yksikössä

Minulla oli alkanut mennä paremmin. En ollut enää väkivaltainen. Olin siis rauhallinen, mutta lääketokkurassa. Aiempi suunnitelma siirtämisestäni EVA-yksiköstä nuorisopsykiatriselle osastolle kesällä 2009 oli oireiluni vuoksi kariutunut. Koska käyttäydyin EVA-yksikössä hyvin eli esimerkiksi en laittanut hanttiin joka asiassa ja olin kärsivällinen, niin EVA-yksikön henkilökunta ja sosiaaliviranomaiset päättivät, että seuraava jatkosijoituspaikkani on nuorisokoti Vähässäkyrössä. Vähäkyrö sijaitsee Vaasan vieressä ja liitettiin Vaasaan kuntaliitoksella 1.1.2013. Muutin nuorisokotiin marraskuussa 2009.

Kymmenes luku

ELÄMÄNI EVA-YKSIKÖN JÄLKEEN JA NYKYTILANNE

Kuten jo aiemmin mainitsin, niin muutin Vähässäkyrössä sijaitsevaan nuorisokotiin marraskuussa 2009. Vähäkyrö sijaitsee Vaasan vieressä ja liitettiin Vaasaan kuntaliitoksella 1.1.2013. Kyseisen nuorisokodin nimeä en kirjassani mainitse, koska sieltä ei minulla pahimpia kokemuksia ole. Eli se ei ole pahin laitos missä olen ollut. Nuorisokotiin muuttaessani minulla oli edelleen vakavia muistihäiriöitä aiheuttava Peratsin-lääkitys käytössä. Kesällä 2010 lääkitys vaihdettiin Zeldoxiin, joka kyllä oli parempi lääke mitä Peratsin. Zeldox-lääkityksenkin aikana minulla oli muistihäiriöitä, mutta ei niin pahoja mitä Peratsinin aikana. Lopulta kesällä 2011 lääkitykseni vaihdettiin Serdolectiin, johon olen ollut paljon tyytyväisempi mitä aiempiin lääkityksiin yhteensä. Lopulta muistikin parantui merkittävästi. Nykyään pystyn esimerkiksi ihan hyvin lukemaan mihin en pystynyt pahimpien lääkkeiden aikana. Nykyään myös muistan hyvin lukemani. Ei Serdolectikään täydellinen lääkitys ole. On vähän sumea olo ja väsyttää usein. Tavoitteeni on, että pääsen lääkityksestä kokonaan eroon. Lääkityksen vähentäminen ja lopulta mahdollinen lopettaminen on nykyisen lääkärini kanssa suunnitelmissa. Koska lääkkeisiin on jäänyt ikään kuin koukkuun, niin lopettaminen jännittää – enkä uskaltaisi oikein lopettaa ilman lääkärin tukea.

Nuorisokodissa minulla sujui ihan hyvin. Pelleilin kylläkin paljon, koska lääkityksestäni johtuen en aina kyennyt älyllisempään toimintaan. Lisäksi ei ollut oikein tekemistä, koska ei saanut pitää omaa puhelinta eikä nettiyhteyttä. Yksikkö nuorisokodissa, johon ensimmäisenä muutin, on nimeltään vastaanottoyksikkö. Tämän jälkeen muutin hieman vapaampaan yksikköön keväällä 2010, joka on nimeltään pääty ja sijaitsi vastaanottoyksikön vieressä. Vapaus näkyi lähinnä siinä, että kyseisestä yksiköstä tehtiin enemmän reissuja yksikön ulkopuolelle esimerkiksi Vaasaan. Vastaanottoyksikkö ja pääty sijaitsevat Vähänkyrön Merikaarrossa eli keskellä ei mitään. Syksyllä 2010 muutin taas vapaampaan yksikköön, joka sijaitsi kävelymatkan päästä Vähänkyrön keskustasta. Vähänkyrön keskusta ei on tosi pieni. Oikeastaan vain keskustassa oli vain kaksi kauppaa, kirjasto, pankki ja baari sekä kunnanvirasto. Siinä ne Vähänkyrön palvelut suurin piirtein oli. Sain jopa pitää omaa puhelinta. Täytin kesällä 2010 18 vuotta, mutta jäin vielä joksikin aikaa nuorisokotiin asumaan, koska en kokenut olevani vielä valmis

itsenäistymään. Olihan minulla
toimintakykyä alentava lääkitys.

Syksyllä 2011 muutin tukiasuntoon
Vähänkyrön keskustaan. Muutin
syyskuussa 2011 Vähäänkyröön
tukiasuntoon, josta solmin myöhemmin
kunnan kanssa vuokrasopimuksen, koska
sossu ei enää suostunut kustantamaan
tukiasuntoa. Tukiasunto oli vuokrattu
nuorisokodille Vähänkyrön kunnalta. Sieltä
muutin Vaasan keskustaan 1.6.2012,
jossa tätä kirjoittaessani edelleen asun.

LOPPUPUHE

Tätä kirjoittaessani olen todella tyytyväinen. Sillä kirjaprojektini, joka on ollut unelmani jo kauan, on vihdoin loppusuoralla. Oikeastaan jo valmis. Olen seurannut mediasta muun ohella lastensuojeluun liittyviä asioita. Mielestäni on hyvä asia, että viime vuosina ovat nousseet julkiseen keskusteluun kyseenalaiset huostaanotot sekä lasten ja nuorten epäinhimillinen kohtelu laitoksissa. Mediasta muistan erityisesti suomalaisäitien vetoomuksen Venäjän lapsiasiamiehelle. Haluan mainita tämän vetoomuksen kirjani loppupuheessa.

Nettiuutisessa mainitaan seuraavaa: Vetoomuksen tehneet suomalaisäidit sanovat, että sosiaaliviranomaiset voivat poliisin kanssa hakea huostaanotettavat lapset päivähoidosta tai koulusta pelkkiin oletuksiin vedoten. Heidän mukaansa kiireellisiä huostaanottoja tehdään hätiköiden ja tämä rikkoo niin lasten kuin

vanhempienkin oikeuksia. Venäjän
lapsiasiainvaltuutettu sanoo, ettei Venäjä
voi puuttua asiaan, joka on Suomen
sisäinen. Hän sanoo kuitenkin venäläisten
voivan tarvittaessa antaa konsultointiapua.

Haluan vielä lopuksi kiittää kaikkia, jotka
taistelevat sen puolesta, että Suomeen
saataisiin parempi ihmisoikeuksia
kunnioittava lastensuojelu ja
sosiaalihuolto.

Vaasassa 14.9.2013
Henri Autero

Kustantaja: BoD – Books on Demand, Helsinki, Suomi
Valmistaja: BoD – Books on Demand, Norderstedt, Saksa
ISBN: 978-952-286-697-4

www.ingramcontent.com/pod-product-compliance
Lightning Source LLC
Chambersburg PA
CBHW031317250726
48656CB00005B/1838